AF198918

Alfred Reichel

Reichels heile Welt
der Biergedichte

© 2020, Alfred Reichel
Layout, Satz & Umschlaggestaltung: Malte Reddig
Cover-Bild: Alfred Reichel
Herstellung und Verlag: BoD – Books on Demand, Norderstedt
ISBN 978-3-7504-7066-8

Bibliografische Information der Deutschen Nationalbibliothek:
Die Deutsche Nationalbibliothek verzeichnet diese Publikation
in der Deutschen Nationalbibliografie; detaillierte bibliografische
Daten sind im Internet über www.dnb.de abrufbar.

Allen hoptimistischen und

harmonbierbedürftigen Bierfreunden

gewidmet.

#1   **Kleine, heile Welt**

In meiner kleinen, heilen Welt
zählen weder Karriere noch Geld.
Was zählt sind Liebe und Harmonie.
Im Alltag finde ich sie so gut wie nie.
Trinke ich aber ein, zwei Bier,
dann spüre ich sie sofort in mir.

#2   **Jeder kennt das**

Das Leben ist traurig. Die Welt ist klein.
Schnell schenkt man sich ein Bierchen ein.
Mit einem Bier im Blut scheint alles famos.
Das Leben ist herrlich. Die Welt ist groß.
Prost!

#3   **Sorgenfrei**

Hast du Kummer, hast du Sorgen,
nimm sie nicht mit nach Morgen.
Ersäuf sie gleich jetzt und hier
mit einem, besser zwei Bier.
Spätestens nach Bier Nummer drei
aber bist du sorgenfrei.
Prost!

#4 Schön wie nie

Die Welt ist böse und gemein.
Ich schenke mir ein Bierchen ein.
Und nach vier weiteren ist meine Meinung die:
So schön wie jetzt war die Welt noch nie!

#5 Hoptimistisch

Vieles erscheint mir
besser nach ein, zwei Bier.

#6 Darum Bier

Wir haben das Bier, damit wir nicht am Alltag
zugrunde gehen.
Damit wir nicht durchdrehen; vieles etwas optimisti-
scher sehen.
Probier's aus und auch du wirst's verstehen. Prost!

#7 Schicksal

Viele haben sich mit ihrem Schicksal versöhnt,
denn sie haben sich an Bier gewöhnt.
Bier hilft ihnen, ihr Schicksal zu ertragen,
hört man sie sagen.

#8 Bier dabei?!

Hast du Bier, stehst eher gut als schlecht im Futter,
scheint dein Leben dir in Butter.
Ohne Bier geht's dir nicht so gut.
Durstig scheint die Welt kaputt.
Bier macht oft den Unterschied,
wie man sieht.
Deshalb ist's gut, du hast ein Bier dabei.
Besser noch deren zwei. Noch besser drei…

#9 Aller Mühe wert (hoptimistisch;-)

Ich gebe mir alle Mühe,
dass mich das Leben nicht runterziehe.
Ich bleibe optimistisch und bin bemüht,
dass mich der Alltag nicht runterzieht.
Unterstützend dabei hilft mir
mein tägliches Bier. Prost!

#10 Hoffentlich

Ich lebe, trinke Bier und bin froh und heiter.
Sterbe ich, lebe ich hoffentlich im Bier-Himmel weiter.

#11 FFE

Friede, Freude, Eierkuchen.

Lass mich von deinem Bier versuchen.

Lässt du mich nicht,

dann kriegst du die Gicht :-p

Friede, Freude, Eierkuchen,

die heile Welt bin ich am Suchen.

Ich finde sie beim Bier

mit dir :-*

#12 Lippenbekenntnisse

Deine vollen Lippen sagen mir,

es gibt noch Köstlicheres als Bier.

Deine Lippen sind glutrot.

Es gibt ein Leben vor dem Tod.

Lass dich liebkosen.

Lass uns anstoßen.

Prost!

#13 Wunderbarer

Das Leben ist meist wunderbar.

Das wissen wir. Das ist uns klar.

Nach zwei Bier wird das Leben noch wunderbarer.

Dies gilt aber nicht für die Autofahrer.

#14 Flieg

Bier gibt dir Flügel,

befreit dich von deinen Zügeln.

Bier gibt dir diese Macht,

wenn du's trinkst mit Bedacht.

#15 Schweben

Bier fließt durch deine Kehle

direkt zu deiner Seele.

Bier lässt dich schweben,

ist dein Begleiter im Leben.

Pass aber auf, nicht abzustürzen.

Zu viel Alkohol könnte dein Leben verkürzen.

#16 Authentisch

Glaube ich eigentlich selber, was ich so von mir gebe?

Dass man zum Beispiel mit Bier über den Wolken

schwebe?

Ja, das tue ich wohl!

Prost mit Bier mit Alkohol!

#17 Tschüss

Ein gutes letztes Bier am Abend ist wie ein Freund, der
„Tschüss, bis morgen" sagt,
so dass man sich schon auf den nächsten Tag freut und
im Alltag nicht verzagt.

#18 Alles klar

Ohne Bier und Freunde wäre das Leben nur schwer zu
ertragen.
Das Leben wäre öde, trist und leer.
Wie Liebe ohne Geschlechtsverkehr.
Noch Fragen?

#19 Feuerwehr

Bier, du bist unter den Getränken der Feuerwehrmann.
Du bist das Getränk, das am besten meinen Durst
löschen kann.

#20 Anti-Ärger-Bier

Hast du Ärger mit der deinen,
genehmige dir einen.
Nach einem Bier fühlst du dich besser;
fühlst dich wieder in ruhigerem Gewässer.

#21 Schöner Traum

Ich hatte einen schönen Traum heut Nacht.
Leider bin ich zu früh draus aufgewacht.
Im Traum trank ich ohne Unterlass
bestes Bier vom Fass.
Das Fass wurde nicht leer.
Mein Kopf wurde nicht schwer.
Ich trank vom Bier mehr und mehr.
Ich lege mich jetzt wieder ins Bett,
denn der Traum war einfach zu nett.

#22 Stille

Dies ist mein Wille:
Ich möchte jetzt Stille.
Dazu werde ich mich jetzt mit Weizenbier einschließen
und die stille Zeit mit mir und meinen Weizen
genießen.
Prost!

#23 Ausspannen

Man braucht seine halbe Stunde Ruhe am Tag,
damit auszuspannen man vermag.
Am besten gelingt das mir
beim Trinken einer Halben Bier.

#24 Auszeit

Ich lasse jetzt meine Seele baumeln.
Gönne mir dafür
zwei Weizenbier.
Zwei reichen, sonst komme ich ins Taumeln.

#25 Schöner trinken

Nach zwei Bier
sehen wir
meist alles in einem neuen, schöneren Licht
Sag jetzt bloß nicht, das stimmt so nicht.

#26 Rat

Schau, dass du dir schöne Gefühle herbeitrinkst,
bevor du berauscht vornübersinkst.
Mit Schnaps stellt sich der Rausch am schnellsten ein.
Mehr Zeit bleibt dir dafür beim Genuss von Wein.
Die meiste Zeit allerdings bleibt dir
beim berauschenden Trinken von Bier
Drum rat ich dir und mir:
Trink Bier!

Möglichkeiten

Das Leben bietet ständig neue Möglichkeiten.
Manchmal was Großes, meist nur Kleinigkeiten.
Ich wähle mir jetzt ein Weizenbier.
Klein, aber großartig.

 Glücksmomente

Zwei Bier – die Party ist noch nicht zu Ende,
ich verspüre schon die ersten Glücksmomente.
Ich trinke noch zwei Bier und man glaubt es kaum:
Himmlische Glücksgefühle erfüllen den Raum.
Ich trinke natürlich weiter,
fühle mich bestens und heiter.
Aber dann, irgendwann hab ich zu viel Alkohol
und ich weiß, morgen fühl ich mich gar nicht wohl.
Aufhören, wenn's am Schönsten ist.
Weitersaufen wäre Mist.

 Himmlisches Bier

Bier, wie von Engelshand gelungen.
Bier, wie dem Paradies entsprungen.
Bier, gierig von mir verschlungen.
Göttliches kehrt dabei in mir ein.
Ähnliches passiert beim Genuss von Wein.
Prost und amen!

#30 Blass

Ich bin schon blass
und werde noch blasser,
gibt's statt Weizenbier
nur stilles Wasser :-(
Meine gesunde Gesichtsfarbe
kommt erst dann zurück,
werde ich mit Weizenbier
statt mit Wasser beglückt :-)

#31 Essenziell

Wenn dich dein Alltag schlaucht,
ist's Bier, was dein Körper braucht.
Tu Gutes dir,
trink Bier!

#32 Voller

Ich sag's ohne Groll:
Ich bin zwar toll,
aber du bist toller.
Ich bin nach 9 Bier voll.
Du trinkst 10, bist voller.
Du bist mir um eins voraus.
Applaus. Applaus.

#33 Ach ja

Wir trinken schnell zwei Bierchen,

die gehen direkt ins Blut.

Wir trinken weiter wie am Schnürchen.

Ach, geht's uns doch gut.

#34 Jetzt

Die Leute

von heute

machen sich Sorgen

um morgen.

Das war auch schon gestern so.

Beides aber oft ein Griff ins Klo.

Lebe im Jetzt und Hier

und trinke mit mir ein Bier.

#35 Deine Lippen

Ich will schon auch wissen, wer du bist.

Aber unbedingt will ich wissen, wie du küsst.

Deine roten Lippen ziehen mich in ihren Bann.

Deine vollen, magischen Lippen machen mich an.

Wäre ich dein Bier, würden deine Lippen mich berühren

- deine roten, vollen Lippen, die mich so sehr verführen.

#36 Besser nicht

Heute lassen wir's krachen.

Heute machen wir dumme Sachen.

Heute saufen wir Unmengen Bier.

Heute fressen wir nur vom Tier.

Heute scheren uns weder Cholesterin noch Tierwohl.

Heute schütten wir uns zu mit Alkohol.

Heute lassen wir die Sau raus.

Heute schalten wir unsere Hirne aus.

Heute sind wir eine grässliche Meute.

Heute werden wir des Wahnsinns fette Beute.

Das glaubt uns ja kein Kind,

dass wir so sind.

Natürlich sind wir nicht so

und darüber sind wir froh.

Wir trinken Bier und haben alles unter Kontrolle.

Zum Wohle!

#37 Hopfenleicht

Bier – unter den Getränken unerreicht.

Warum? Die Antwort ist hopfenleicht.

Bier – schmeckt gut,

tut gut.

Zwei getrunken, vier geseicht.

#38 Wortspiele

Bier aufgetischt
     erfrischt.
Bier schafft
     Kraft.
Bier tut
     gut.
Bier schmeckt
     perfekt.

#39 Remember the future

Erst Remember the future,
dann Fridays for future.
Denn nur dann, wenn man sich seiner Zukunft
bewusst ist,
erkennt man: Die Freitagsbewegung ist kein Mist.
Gedenke unserer Zukunft, sei gescheit.
Wir leben nicht nur in der Gegenwart und Vergan-
genheit.
Auf unsere Zukunft,
Verantwortung und Vernunft
mit Bier ein Prost!
Ach, besser drei: Prost. Prost. Prost!

#10 Chemisches

Stimmt die Chemie nicht mehr,

dann muss vielleicht ein Bierchen her.

Kann sein,

es hilft auch Wein.

Prost!

#11 Kristallweizen

Ich habe mir ein Kristallweizen bestellt.

Der Wirt hat das Bier vor mich hingestellt.

Ein Weizenbier mit herrlicher Schaumkrone

und im Schaum eine Scheibe Zitrone.

Mmh, Bier ist doch das Beste auf der Welt.

#12 Minze-Bier

Glaubt jetzt nicht, dass ich spinne,

aber hin und wieder trinke ich Bier mit Minze drinne.

In Cocktails ist sie schon lange Brauch,

aber Bier mit Minze schmeckt auch.

Minze verleiht dem Bier eine erfrischende Note.

Solch ein Bier ist bei mir gerade in Mode.

#13 Kreativ

Der Mensch kann rechnen, schreiben, lesen.

Er ist auch meist ein aktiv-kreatives Wesen.

Manche zeichnen, dichten, bauen.

Manche pflanzen, ackern, brauen.

Manche heilen, kochen, klauen.

Ich klaue mir

jetzt von dir

ein leckeres Bier.

Gedankt sei dir

dafür. Prost!

#14 So geht verzeihen

Natürlich verzeihe ich dir,

aber nur mit einer Entschuldigung in Form von Bier.

#15 All you need is love

Allein die Liebe zählt. – Gewiss.

Doch mancher hat vor der Liebe Schiss.

Mir ging es auch schon so.

Aber jetzt wäre ich über eine Liebe froh

Denn verlässt deine Liebe dich,

bist du allein, machst keinen Stich.

Das Leben könnte so schön sein mit ihr

und mit Bier.

#46 Die große Liebe

Vielleicht lauert deine große Liebe hinter der nächsten Ecke.

Gehe aus deinem Haus, damit sie dich entdecke.

Und wenn sie dort nicht ist, mache dir nichts daraus.

Trinke dann einfach ein kühles Bier im nächsten Gasthaus.

Prost!

#47 Gute Laune

Ich staune

über meine gute Laune

trotz Klimawandel, Trump und Putin.

Vielleicht liegt's daran, dass ich guter Hoffnung bin.

Ich hoffe, alles wird gut am Ende

und die Vernunft bringt die Wende.

Vernünftig ist,

sei Optimist.

Bierkrüge

statt Kriege!

#48 Gewohnheitstier

Der Mensch ist ein Gewohnheitstier.

Für gewöhnlich trinke ich Bier. Prost!

#49 Typisch deutsch

Der deutsche Michel scheint dumm,

er macht sich bis zur Rente mit 67 krumm.

Er regt sich auf, bleibt aber weitgehend stumm.

Es wird Zeit sich mit Bier Mut anzutrinken

und endlich dagegen anzustinken.

#50 Schnäbeln

Was nützt dir ein Keller voller gutem Bier,

wenn du keine Zeit hast das Bier zu genießen?

Nimm dir die Zeit, werde zum faulen Schnabeltier

und fang an, dir Bier in deinen Schnabel zu gießen.

#51 Heute

Es waren heut mal zwei Bier,

die standen nur kurz vor mir.

Dann habe ich sie verzehrt.

Sie haben sich nicht gewehrt.

Zum Schluss sei noch vermerkt,

sie haben mich nicht nur gestärkt.

Sie haben mir auch geschmeckt.

Das Bier war wieder mal perfekt!

#52 Hier

Hier bin ich
und hier bleib ich,
denn hier
gibt's Bier!
Prost!

#53 Gönnen

Ich tapse durch die Welt.
Ich knapse mit dem Geld.
Aber eines gönne ich mir:
Mein tägliches Bier!
Prost!

#54 Über die Liebe

Wenn du mich magst, dann trink Bier
mit mir.
Aber sag niemals: „Ich will
ein Radler mit Null Promill."
Wenn du mich liebst, bestelle uns zwei Weizen.
Sag aber nie: „Mich würde was Alkoholfreies reizen."
Ich rede mich hier noch um Kopf und Kragen,
aber Liebe geht halt durch den Magen.
Ist nicht wirklich ernst gemeint. War Spaß.
Wenn du willst, ess vegetarisch oder rauch Gras.

#55 Leben

Regenwetter. Wir liegen im Gras.
Wir lieben uns und werden nass.
Süchtig nach und betrunken von dir
spüre ich Leben wie nach einer Flasche Bier.
Prost!

#56 Freudentränen

Hab ich schon erwähnt,
dass mir die Seele tränt.
Denn Freudentränen fließen,
weil wir uns Bier eingießen.
Prost!

#57 Lebenssinn

Lieben und geliebt werden –
Das ist der Sinn des Lebens auf Erden.
Dazu noch gutes Bier genießen –
Lass uns lieben. Danach werde ich dir ein Bier
eingießen.

#58 Glücklich sein

Glücklich sein beginnt,
wenn Bier durch die Kehle rinnt.

#59 Umsonst

Das wirklich Schöne auf der Welt,
gibt's umsonst, ganz ohne Geld
wie zum Beispiel Freibier,
Biergartenwetter, ein Lächeln von ihr.

#60 Sixpack

Ein Sixpack geleert
an einem Sommerabend
ist nie verkehrt,
sondern erfrischend und labend.
Prost!

#61 Wirklich alle

Alle, inklusive Hinz und Kunz,
alle, ja, einschließlich uns,
wirklich fast alle, auch wir,
lieben und trinken Bier. Prost!

#62 Frühling

Die Vöglein singen.

Die Rehlein springen.

Die Natur erwacht

mit Blütenpracht.

Die Biergärten machen bald auf.

Wir freuen uns darauf.

#63 Glücklichmacher

Gesundheit, gute Gedanken, Natur, Bier und Sonnen-
schein,

viel mehr braucht's nicht, um glücklich zu sein.

#64 Eierkuchen

Friede, Freude, Eierkuchen,

lass mich vom Bier versuchen.

Der Eierkuchen hat zu viel Cholesterin,

drum zieht's mich jetzt zum Bier hin.

Friede, Freude, Weizenbier,

schenk uns ein und trink mit mir.

Prost!

#65 Zufrieden

Mein Leben ist meist schön. Ich möchte mit
niemandem tauschen.
Ich bin gesund, habe gute Freunde, kann mich an Bier
berauschen.
Was will ich mehr?
Vielleicht etwas mehr Verkehr ;-)

#66 Glückskauf

Glück lässt sich kaufen
und dann aussaufen.
Was genau meine ich wohl?
Natürlich Bier mit Alkohol!
Prost!

#67 Märchen

Wäre das nicht ein Märchen -
wir zwei ein altes Pärchen?
Du liebtest mich.
Ich liebte dich.
Das wäre genial. Wie täglich Freibier. Des Wahnsinns
fette Beute.
Und wenn wir nicht gestorben sind, dann lieben wir
uns noch heute.

#68 Be glad

Be glad not sad.

Drink ethanol not methanol.

No fear drink beer.

Indeed beer is all you need

to be glad not sad :-)

Leave it, love it, change it.

Or drink beer my dear!

#69 Der Bierbauch

Sein Bauch wiegt schwer.

Er trägt ihn vor sich her.

Er musste ihn lange mit viel Bier begießen,

damit die Fettzellen so heftig sprießen.

Er ist mächtig stolz darauf

und macht sich die nächste Flasche auf.

Denn so einen Bauch muss man pflegen

und weiter mit hohem Bierkonsum hegen.

Dann nach Jahren hat man den voluminösen Bauch,

verbunden aber mit Nebenwirkungen auch.

Z. B. sieht man nicht mehr seinen darunterliegenden

Schlauch.

#70 Abwehrkräfte

Komm, stärken wir unsere Abwehrkräfte
mit Bewegung, Frucht- und Gerstensäfte.
Ich hoffe, es nützt.
Ich hoffe, es schützt.
Zudem esse ich samstags Kartoffeln mit Quark.
Ich hoffe, auch das macht mich stark.

#71 Bier tut gut

Liebe Leute, lasst euch sagen,
Bier ist gut für Geist und Magen,
vorausgesetzt man trinkt Bier in Maßen.
Andenfalls sollte man's lieber lassen.

#72 Im Sommer

Wie jeder weiß,
ist's im Sommer oft sehr heiß.
Da hilft nur: Schweiß abwischen.
Im Schatten ein Bierchen zischen.

#73 Hitzefrei

40 °C – Bier dabei?
Mach hitzefrei!

#74 Küssen

In diesem guten Bier steckt bestimmt viel Brauwissen.
Hat das Bier eine Frau gebraut, ich würde sie küssen
(müssen).

#75 Empfehlung

Geh nen Kasten Bier kaufen
und tu ihn mit Freunden aussaufen.
Sucht euch dazu einen schönen Ort
und spült und redet eure Sorgen fort.

#76 Bierschaum – Feuchter Traum

Träume sind bekanntlich Schäume.
Ist dann auch jeder Schaum ein Traum?
Wohl kaum.
Bei Bierschaum ist das aber so.
Das find ich klasse. Das macht mich froh.
Jeder Bierschaum ist ein Traum.
Beim Biertrinken ins Traumreich versinken.

#77 Alte Leichtigkeit

Fühlst du dich von allen Seiten eingeengt.
Bist nicht gut drauf, bist schnell gekränkt.
Die Leichtigkeit des Seins kommt wieder,
machst du mit mir zwei Bierchen nieder.

#78 Good

Good friends.
Good beer.
Good wife.
Good life.

#79 Verheißung

Seine Gedanken kreisen
um Bier, Korn, Alkohol.
Denn diese Stoffe verheißen
ihm das Paradies. Zum Wohl.

#80 Verkehrt

Er säuft.
Sein Leben läuft
verkehrt.
Pass auf, dass er nach 6 Bier nicht noch Auto fährt.

#81   Augenblicke

Schau nach vorn, nicht zurück.

Lebe den Augenblick!

Meine beiden Augen blicken

auf zwei Bier, die mir die Info schicken:

Trink mich!

Trink mich!

Das lass ich mir nicht dreimal sagen.

Augenblicke später ist das Bier in meinem Magen.

#82   Im Griff

Mit Bier hat man den großen Durst im Griff.

Mit einem guten Kapitän ein Kreuzfahrtschiff.

Mit unserem Uhren-Kniff

meinen wir, wir hätten die Zeit im Griff.

Haben wir aber nicht.

Meine Uhr steht. War sie nicht wasserdicht?

#83   Gutes Bier

Gutes Bier

sei mit dir!

Gutes Bier

sei in dir!

Weiter, immer weiter

Die Zeit vergeht, wir vergehen mit.
Shit.
Da hilft kein Klagen.
Da hilft kein Verzagen.
Das Leben nimmt seinen Lauf.
Mach dir ein Weiter-geht's-Bier auf,
sodass auch dieses seinen Lauf nimmt
und es in deinem Leben wieder stimmt.
Prost!

Liebe und Bier

Das größte Glück auf Erden,
ist geliebt zu werden.
Auf Platz 2, so ist's bei mir,
steht der Genuss von Bier.
Dahinter kommt der große Rest,
but love and beer are the best.

Christ

Manche beten den Mammon an.
Da knie ich lieber vor dem Zapfhahn.
Besser aber ist,
du lebst als Christ.

 **Ein Prost**

Ein Prost auf dich.

Ein Prost auf mich.

Und ein Prost auf den Rest

vom schönen Fest.

Außerdem prosten wir

aufs gute Bier.

Prost. Prost. Prost. Prost.

 Darauf

Wir haben nur das eine Leben.

Machen wir das Beste draus.

Lasst uns darauf einen heben.

Trinken wir ein Bierchen aus.

Prost!

 Dazwischen

Bist du besoffen,

meinst du, es stünde dir die Welt offen.

Bist du nüchtern,

bist du schüchtern.

Mit Bier bist du extrovertiert.

Ohne bist du introvertiert.

Mit etwas Bier bist du dazwischen.

Also reicht's, ein Bier zu zischen.

#90 Abgebrannt

Der Weihnachtsbaum ist abgebrannt
und mit ihm ein Gutschein, der sich an einem seiner
Zweige befand.
Auf dem Gutschein stand: 1000 Küsse von ihr.
Seine Stimmung verbessert sich allmählich nach 4
Weihnachtsbier.

#91 Im Alter

Es merkt so mancher alte Mann
dass er nicht mehr so wie früher kann.
Die Beweglichkeit der Glieder lassen nach.
Die Muskeln werden zunehmend schwach.
Aber auch im Alter bleibt die Gier
nach gutem süffigen Weizenbier.
Prost mit Bier
auf das Lebenselixier!

#92 Schlaraffenland

Uns ist bekannt,
wir leben im Bier-Schlaraffenland.
Es gibt so viele unterschiedliche Biere. Die wollen
getrunken sein.
Prost! Und sonntags trinken wir auch mal eine Flasche
Wein ;-)

#93 Deswegen

Wir trinken Bier des Trinkens Willen
und um unseren Durst zu stillen.
Prost!

#94 Schöntrinken

Man isst gerne Fleisch und Wurst. Aber die Tiere
leiden.
Lassen wir sie doch weiter glücklich auf der Weide
weiden.
Man kann sich mit Bier auch mal ein Käsebrot
schöntrinken.
Der Käse schmeckt dann leckerer als so mancher
Schinken.
Zur Not tut's auch ein Margarinebrot. Böses
Cholesterin
steckt in Pflanzenmargarine zudem weniger drin.
Mit gesundem Bier und gesunder Margarine
brauchst du in Zukunft weniger Arzttermine.

#95 Neugier

Neugierig bleiben.
Den Durst öfters mit neuen Bieren vertreiben.

#96 Putenmast

Ihr hasst
die Putenmast.
Lieben tut ihr
Bier, Bier, Bier!
Das ist gut so.
Weiter so!

#97 Wer kennt das nicht

Weiß man, hinterher gibt's ein Bierchen,
läuft alles wie am Schnürchen.
Denn ein Bier, das man für später einkalkuliert,
motiviert!

#98 Paradies

Die Erde ist ein schöner Ort
und muss ich einmal von hier fort,
dann möchte ich nicht in die Hölle kommen,
sondern in den Himmel zu den Frommen.
Denn im Paradies verspreche ich mir
jede Menge gutes Bier! Amen.

#99 Die Liebe seines Lebens

Mit 16 oder nach ca. 140 Tausend Stunden
hat er die Liebe seines Lebens gefunden:
Bier vom Fass!
Seither trinkt er täglich das köstliche Nass.
Auch ich kann dir mäßigen Biergenuss nur empfehlen.
Auch ich tu Bier zu meinen Lieblingsgetränken zählen.

#100 Moral

Ich und du
sind beide zu.
Zuviel Schnaps und Bier
- Jetzt sitzen wir hier
besoffen rum.
Du lallend. Ich stumm.
Und die Moral von dem Gedicht
- Besauf dich nicht.
Aber lernen wir tatsächlich was daraus?
Nein, das nächste Mal geht's ähnlich aus.

#101 Tu was

Er ist gesund. Er tut aber auch was dafür.
Er trinkt täglich seine Flasche Bier.

#102 Lecker

Ich lecke nach jedem Tropfen
vergorenen Malzextrakts mit Hopfen.
Was sich liebt, das leckt sich.
Was sich liebt, das neckt sich.
Prost!

#103 Alternativlos

Weg mit der Straßenautolawine
hin zum Verkehr auf der Schiene.
Somit ist die Lokomotive.
zum Auto eine Alternative.
Ein Veggie-Burger ist eine Alternative zur Wurst.
Alternativlos ist aber Bier gegen den großen Durst.

Zu Bier und zu dir gibt es jeweils keine Alternative.
Ihr seid in meinem Leben das wahrhaft Positive.

#104 Was bleibt

Was bleibt denn mal von mir, wenn ich krepier?
Meine Biergedichte und ein halbleerer Kasten Bier?
Ein Freund sagt: „Nein, du lebst in unseren Herzen
weiter."
Das macht mich froh, das stimmt mich heiter.

#105 Liebe

Auf die Dauer kann man mit Bier allein
nicht wirklich glücklich sein.
Man braucht jemanden, den man liebt
und der einem auch Liebe gibt.
Hat man den dann gefunden,
verlebt man die glücklichsten Stunden.
Trinkt deine Liebe am liebsten Wein,
kannst du nicht glücklicher sein,
denn so trinkt sie dir dein Bier nicht weg,
die süße Schneck.

#106 Limerick mit Bierschaum

Vier Freunde sitzen zusammen in einem Raum.
Sie trinken heut kein Bier, man glaubt es kaum.
Sie trinken Spirituosen, wie Ouzo, Obstler, Rum.
Nach einer Stunde fällt der erste besoffen um.
Nächstes Mal trinken sie wieder Bier mit Schaum.

#107 Du Armer

Hast du's mit dem Magen
und kannst nicht viel Bier vertragen,
dann lass dir von mir sagen:
Du hast wahrlich Grund zu klagen.

#108 What really counts

Yesterday:

Beer in big amounts

counts.

Today:

My head is burning.

My head is turning.

I'm ill.

Too much beer will kill

me, I feel.

Tomorrow:

I think:

No more fear

for beer.

And so I drink.

#109 Verfallen

Bist du dem Bier verfallen, gibt es kein Zurück.

Du suchst im Bier dein Glück.

#110 Tischgebet

Wir haben genug zu essen.

Wir haben unser Bier.

Auch Hund und Katze haben zu fressen.

Lieber Gott, wir danken dir dafür.

111   10 Bier

Heute ist's mal wieder soweit.

Nach 9 Bier macht er sich für das 10te bereit.

Er trinkt es leer und ist breit.

Und was lernen wir daraus?

Nichts. Ich bin müde und mache das Licht aus.

112   Best answer

"Two beer or not two beer?"

"More. Minimum four!"

Cheers!

113   Kein Spaß

Wirt, wo bleibt mein Bier?

Ich bin doch nicht zum Spaß hier!

Komm, lass Bier ins Glas laufen.

Ich möchte mich heut besaufen.

114   Fragen

Woher kommen wir?

Wohin gehen wir?

Und gibt's dort auch Bier?

#115 Spätherbst

Herbst – Blätter fallen von den Bäumen.

Bald ist Weihnachten, fange an zu träumen

Bald wird Weihnachtsbier im Glase schäumen.

Morgen Weihnachtsbier kaufen nicht versäumen.

#116 Welten

Du lebst in deiner Welt.

Ich leb in meiner Welt.

Du hast dich zu mir gesellt.

Ich hab uns Bier bestellt.

Beim Bier leben wir in unserer Welt.

Bier ist's, was sie zusammenhält.

Bier ist's, was uns beseelt.

#117 Glaubensbekenntnis im November

Winter ist's. Die Welt ist grau und kalt.

Ich bin bald auch schon ziemlich alt.

Woher kommen wir? Wohin gehen wir?

Wer weiß das schon. Ich lebe von Bier zu Bier.

Ich hoffe auf ein Weiterleben nach dem Tod.

Schön wäre ein ewiges Leben mit Bier und ohne Not.

Ich setze auf einen gütigen Gott. Amen.

#118 Festschmaus

Zu Weihnachten schlagen wir uns die Bäuche voll
mit Braten, Knödel, Eiscreme und Sahnetorten.
Zur besseren Verdauung trinken wir dazu Alkohol
in Form von Bier, Wein, Whisky, Ouzo und anderen
Sorten.
Weihnachten ist ein schönes Fest. Das sollte es viel
öfter geben.
Wäre das aber so, dann würde mancher keine 5 Jahre
überleben.
Kalorienreich, alkoholisch und heiter
geht's bereits zu Silvester weiter.
Gebt statt Braten besser Bier in eure Münder,
denn das ist zumindest für die Tiere gesünder.
Auf Weihnachten, Silvester und die Gesundheit der
Tiere
trinken wir jetzt ein paar Biere! Prost!

#119 Gute Nacht

Das Leben war heute nicht so nett,
drum verkrieche ich mich heut früh im Bett
Um besser einschlafen zu können,
werde ich mir noch ein Bierchen gönnen.
Morgen kommt ein neuer Tag,
den ich hoffentlich besser vertrag.

#120 Bier gewinnt

Der eine spielt Lotto,
der andere Totto.
Ich dagegen habe ein Motto:
Bier gewinnt
vor Absinth.

Absinth zieht ordentlich rein,
viel mehr als zum Beispiel Cognac aus Wein.
Im Absinth ist halt Wermut drinnen.
Absinth brachte schon viele zum Spinnen.
Deshalb lobe ich mir
mein Bier!

#121 Wie Zunder

Machen sich Kälte und Einsamkeit
in deinem Herzen breit,
dann wirkt ein Bier , oh Wunder,
oftmals wie Zunder.
Es entfaltet sich ein inneres Feuer.
Das Leben ist dir wieder lieb und teuer.
Ein Bier belebt so dein Innenleben
und du kannst wieder nach dem Leben streben.

122 Liebesende

Sie erzählte ihm lauter Märchen.

Er dachte, sie seien ein Pärchen.

Sie schrieb, sie würde ihn lieben,

dabei hat sie's schon mit einem anderen getrieben.

Ach, bliebe ihr doch das nächste Bier im Halse stecken.

Anschließend soll sie doch daran verrecken.

Nein, das wünscht er ihr nicht,

denn sein Herz schreit: „Ich liebe dich!" Sein Hirn:

„Ich bin dicht."

123 Egal

Ob mit oder ohne,

ob ohne oder mit,

Bier ist des Menschen Schaffens Krone.

Bier ist unser Favorit, hält uns in Maßen fit.

Egal mit was oder auch nicht,

Bier ist immer ein Gedicht.

124 Bullshit

Bier ist für Wein wie ein Arschtritt,

denn wer Bier trinkt, trinkt keinen Wein.

Ich sag dir, das ist Bullshit,

denn auch ein Biertrinker trinkt mal Wein.

Alkohol ist in beiden und der soll halt drinnen sein.

#125 Geht's gut?

Geht's mir gut oder geht's mir schlecht?

Ich weiß nicht so recht.

Frag mich nach zwei Bier nochmal.

Ich denke, dann ist mir alles egal.

Dann sag ich, mir geht's gut.

So richtig, wirklich gut.

#126 Mit und ohne

Mit Bier bedacht.

Mit Bier gelacht.

Mit Bier heiter.

Mit Bier weiter.

Mit Bier geliebt.

Mit Bier beliebt.

Mit Bier denken.

Mit Bier lenken.

Mit Bier gegen den Baum.

Aus der Traum.

Im Straßenverkehr ohne,

Alfred, Harald, Martin, Done.

#127 Kurz und bündig

Wir sind klug und weise,

trinken Bier und finden Nazis scheiße.

128 Bier ohne Alkohol

ist wie ein roter Apfel, innen faulig,

ist wie ein schlechter Film – langweilig,

ist wie Kicken in Unterzahl,

ist wie Pilze zweiter Wahl,

ist wie eine Fassade mit Innerem nicht toll,

ist wie Musik nur in Moll,

ist wie Deutschland ohne Bayern,

ist wie Geburtstag, ohne zu feiern,

ist wie Kuchen ohne Sahne,

ist wie ein Turm ohne Wetterfahne,

ist wie ein Teller Spätzle ohne Soße,

ist wie ein Blumenstrauß ohne eine Rose,

ist wie eine leere Wohnung,

ist wie ein Urlaub ohne Erholung,

ist wie eine Bank ohne Geld,

ist wie ein Universum ohne Welt,

ist wie ein Leben ohne Gott,

ist wie ein Regenbogen ohne die Farbe rot…
Es fehlt das für gutes Bier so Wichtige.
5 % vol Alkohol im Bier sind das einzig Richtige.

129 Liebe in Zeiten von Rassismus und Hass

Ich liebe alle Frau'n,

egal ob weiß, schwarz oder braun.

Ein Prost gegen Rassismus und Hass.

Trinkt Bier, liebt euch und habt Spaß.

#130 Bierdiät

Ich liege wach in meinem Bett
und fühle mich fett.
Ich muss mich wohl bequemen
endlich abzunehmen.
Heute ist es schon zu spät
für eine Diät.
Ab morgen werde ich fasten,
aber nicht zu Lasten
meines Bierkonsums. Nein!
Verzichten werde ich auf Schokolade, Kuchen, Wein.
Auch auf Pommes, Schweineschmalz und Wurst.
So kann ich meiner Bierleidenschaft weiter frönen
und den Feierabend mit 1, 2 Bierchen krönen.
Ich trinke zwei Bier am Tag so gern,
jegliches schlechte Gewissen liegt mir fern.

#131 Die gute alte Chemie

Chemie ist überall.
In Menschen, Schweinen, Schimmel.
Auf Erden und im Weltall.
Vielleicht auch im Himmel.
Chemie kann gut sein oder böse.
Gute Chemie steckt in Bier und Bierklöße.

#132 Entwicklungsgeschichte

Einst trank ich Milch, jetzt trink ich Bier.

Einst war ich klein, jetzt bin ich groß.

Andern geht's bestimmt wie mir.

Des Menschen Entwicklung ist famos.

#133 Gutes

In Bier steckt so viel Gutes.

Probier es.

Trink es.

Tu es.

Prost!

#134 Wunsch

Ich wünsche allen Menschen dieser Welt,

Gesundheit, Frieden, Bier und genügend Geld.

#135 Riesendurst

Corona ist mir gerade Wurst,

denn ich habe Riesendurst.

Deshalb wünsche ich mir

ein Riesenweizenbier.

Prost!

#136   Liebende

Zwei sich Liebende begehren sich,
verzehren sich,
fallen übereinander her,
haben leidenschaftlichen Verkehr.
Ähnlich ist meine Gier
nach Bier

#137   Anti-Corona-Panik-Mittel

Gegen die Coronapanik nützt
alles, was unsere Psyche schützt.
In Gelassenheit und Ruhe liegt die Kraft
und diese gibt der Gerstensaft.
Eine starke Psyche stärkt das Immunsystem
und das macht's auch dem Virus unbequem.
Bier bekommt deshalb von mir den Titel:
Anti-Corona-Panik-Mittel

#138   Leben

Leben heißt atmen, essen, trinken, lieben, sich vermehren,
arbeiten, lachen, weinen, sich bewegen, sich begehren…
In punkto Gutes trinken rate ich dir zu Bier.
Mein Favorit ist derzeit Weizenbier.
Also, nicht länger warten. Her mit dem nächsten Weizenbier!
Prost!

139   Corona und Co.

Gestern Fukushima.

Heute Corona.

Und Morgen?

Andere Sorgen.

Um sorgenvolle Zeiten zu überbrücken,

helfen Gottvertrauen und Bier verdrücken.

140   Bedrohungen durch Corona

Wir sind von Corona bedroht

mit Börsencrash und Tod.

Das Geld

regiert die Welt

nicht mehr.

Drum muss ein neues Motto her.

Ich bin für:

Egal, was auch kommen mag,

gutes Bier sei mit mir

an jedem Tag!

#141 Klopapier

Die einen hamstern Klopapier.

Ich nicht. Ich kaufe lieber Bier.

Klopapier ist halt für den Po.

Bier macht mich des Abends froh.

Froh zu sein bedarf es wenig.

Trink ich Bier, fühle ich mich wie ein König.

#142 Quarantäne März 2020

Bleib mit deinem Arsch daheim,

das sagt dir dieser Reim.

Oft führt Isolation

zu Frustration

und anderem Verdruss.

Dagegen hilft mir

der maßvolle Genuss

von Bier.

Um nicht in Panik und Ohnmacht zu versinken,

empfehle ich, sich das Alleinsein schön zu trinken.

Prost! Bleib zu Haus.

Ende und aus.

143 Desinfizieren

Zum Zwecke der inneren Desinfektion

trank ich zwei Bier heute schon.

Da aber gilt: Viel hilft viel,

sind noch zwei weitere mein Ziel.

Zu Bieren,

um zu desinfizieren.

Jawohl!

Zum Wohl!

144 Hoffnung durch Corona

Corona – der Menschheit Feind.

Corona – das Virus, das uns alle vereint.

Prost auf einen gemeinsamen Sieg!

Prost auf nie mehr Krieg!

Prost mit Wasser, Tee, Sake oder Kefir.

Prost mit Sekt, Raki, Milch, Saft oder Bier.

Nie wieder Krieg – das wäre toll!

Nochmals Prost und zum Wohl!

#145 Schutzmasken

Jeder, der Einkaufen gehe,

sich mit einer Schutzmaske versehe,

damit niemand das Corona-Virus einfange

und dann womöglich um sein Leben bange.

Dieser Zusammenhang leuchtet mir ein.

So kommt weiterhin durch meinen Mund

nur Gutes wie Bier in meinen Schlund.

Und durch meine Nase nur Luft

und guter Duft.

#146 Corona-Lockerungsrausch

Im Frühjahr 2020 die ersten Blumen sprießen.

Bier muss zu Hause durch die Kehlen fließen.

Die Vögel zwitschern, die Bienen summen.

Die Wirtschaft muss bald wieder brummen.

Der Ball und der Rubel müssen bald rollen,

weil DFL und Wirtschaft das so wollen.

Laschet und Lindner preschen diesbezüglich vor,

hoffentlich gibt das kein Eigentor.

Alte und Schwache bleiben womöglich als Opfer zurück.

Scheiß Corona! Vorschneller DFL! Übereilte Politik?

147 Corona-Krise

Corona zieht mitunter

so manche Eltern runter.

Das Leben scheint ein Flop,

mit Kinder, ohne Job.

Als unbedingtes Muss,

als täglicher Genuss

bleiben hoffentlich ihm und ihr

ein, zwei Flaschen wohltuendes Bier.

148 Nach Corona

Wir werden mehr und mehr mit Schrecken gewahr,

unser Leben, unser Wohlstand, unsere Ziele sind in Gefahr.

Die meisten Menschen werden Gott sei Dank Corona überleben.

Werden wir dann aber weiter nach unseren alten Werten streben?

Wahrscheinlich schon. Und dass ich weiter Bier trinke, ist auch klar.

149 Kurzgebet

Lass mich rein sein in all meinen Gedanken

und lass mich nach zwei Bier nicht schwanken.

Amen.

#150 Wieder glücklich werden

Nach Corona wird zwar vieles anders sein.
Wir Menschen wollen aber wieder glücklich sein.
Das geht gut mit Freunden, Arbeit, Bier und Wein.
Ein Prost in diesem Sinne,
auf dass die Menschheit ihr Glück zurückgewinne.

#151 The End

Bier, machst du uns auch glücklich und froh,
am Ende landest du doch meistens im Klo.
Auch mit uns Menschen endet's doof
- meist auf dem Friedhof.
So ist nun mal der Dinge Lauf
- mach das nächste Bier auf!

#152 Hochgenuss

Das höchste der Glücksgefühle
stellt sich ein beim Genuss
der im Bier enthaltenen Moleküle
Schließe die Augen. Genieße und Schluss!

#153 Vom Haben und Nichthaben

Habe keine Fragen.

Habe keine Antworten.

Habe Bier – bin zufrieden.

Werde mich jetzt verabschieden.

Ein kurzes Märchen über Gott, die Menschen und ihr Bier

Es war einmal eine Zeit mit Kriegen, Flüchtlingselend, Hungersnöten, Fremdenfeindlichkeit. Gott gefiel nicht, wie sich die meisten Menschen verhielten. Ihnen mangelte es vor allem an Nächstenliebe und die ist Gott ja schließlich wichtig.

Schon früher hatte Gott mit der Sintflut und zu Zeiten Moses mit einer Heuschreckenplage und weiteren Plagen in ähnlichen Fällen unmenschlichen Verhaltens eingegriffen. Diesmal ließ er zunächst Orkane, Pandemien auf die Menschheit los, in der Hoffnung, sie würde in der Not enger zusammenrücken und sensibler gegenüber den Nöten anderer werden. Seine Hoffnung wurde nicht erfüllt. Die meisten Menschen blieben egoistisch und schotteten sich teils sogar noch stärker vor den Schwachen und Opfern ab. Daraufhin schickte Gott das fürchterlichste Übel auf die Erde: Er verbot den Hefen die alkoholische Gärung. Keine alkoholische Gärung, kein Bier. Nur noch eine Art Getränk, die an alkoholfreies Bier erinnerte, war verfügbar. Gott hatte wieder mal den wundesten Punkt des Menschen getroffen – sein essenzielles Bedürfnis nach einem kräftigenden, stimmungsaufhellenden, berauschenden, leicht alkoholischen Getränk.

Die Menschheit verstand und besserte sich. Und Gott in seiner allmächtigen Güte gab den Menschen ihr Lebenselixier Bier zurück. Alle waren glücklich und zufrieden. Und wenn sie nicht gestorben sind, dann achten sie einander, trinken Bier und leben noch heute glücklich miteinander.

Inhaltsverzeichnis

63

Bisher sind von Alfred Reichel beim Verlag Books on Demand GmbH folgende Bücher erschienen:

Reichels heile Welt der Biergedichte, 2020

Prost-Gedichte, 2019

Weihnachtliche Biergedichte, 2018

1516 Biergedichte, 2017

Frisch eingeschenkt – Biergedichte der besonderen Art, 2017

Goldene Biergedichte, 2016

Bierhaltige Gedichte, 2016

Tierisch gute Bier-Gedichte, 2015

Nicht nur Biergedichte, 2015

Bier-Lyrik, 2014

Bier-Liebes-Gedichte, 2013

Noch mehr Bier-Gedichte, 2013

Bier-Gedichte, 2012